SCHUTZ ENGEL

Botschaften von Liebe und Frieden

VANESSA LAMPERT

Bassermann

Danksagung

Ich danke meiner Mutter Lily und meinem verstorbenen Vater Sidney Abraham Pepper, die mich unterrichtet und meine spirituelle Entwicklung und mein Wissen gefördert haben, sodass ich heute andere unterrichten kann. Außerdem bedanke ich mich bei meinem Mann Jeffrey für seine Unterstützung und meinen Kindern Nicole, Simone und Alexis.

Gerne würde ich Ihre Geschichten über Engel hören. Bitte schreiben Sie mir über Ihre Erfahrungen: Vanessa Lampert, c/o Cico Books, 32 Great Sutton Street, London EC1V 0NB, Großbritannien, oder vanessalampert@aol.com. Erlauben Sie mir bitte, Ihren Bericht zu veröffentlichen, und teilen Sie mir mit, ob Sie anonym bleiben wollen oder nicht.

ISBN 3-8094-1863-3

Der Text dieses Buches entspricht den Regeln der neuen deutschen Rechtschreibung.

Originaltitel: Guardian Angels – Messages for Love & Peace

Umschlaggestaltung: Atelier Versen, Bad Aibling
Zeichnungen: Emma Garner
Übersetzung: Berliner Buchwerkstatt, Martin Rometsch
Redaktion: Berliner Buchwerkstatt, Vera Olbricht
Gestaltung: Berliner Buchwerkstatt, Ulrike Sindlinger

Druck: Tien Wah Press, Singapur

817 2635 4453 6271

Inhalt

Willkommen in der Welt der Engel

Wir leben in einer turbulenten Zeit. Nach den schrecklichen Ereignissen am 11. November 2001 wird unsere Welt in vieler Hinsicht nie mehr dieselbe sein. Aber auch unsere Bedürfnisse und Ansichten haben sich unterschwellig sehr verändert, und viele Menschen sind heute nicht nur auf der Suche nach sich selbst, sondern wollen auch Engel und den Kosmos verstehen.

Dieses Buch und die Engel helfen Ihnen, die Tür zwischen unserer Welt und der himmlischen Ebene zu öffnen und die spirituelle Transformation, die Ihnen vorherbestimmt ist, zu spüren. Jeder Mensch kann dieses Set nutzen, um mit seiner Seele Kontakt aufzunehmen und den ersten Schritt zur wahren Spiritualität zu tun. Auch Sie haben Zugang zur Welt der Engel!

Dank Ihres freien Willens können die Engel Ihnen nur dann nahe sein, wenn Sie es wollen. Es liegt ganz bei Ihnen, ob die Engel mit Ihnen arbeiten und Ihnen sowie durch Sie anderen helfen können. Wenn Sie die Engel bitten, Freunden, Angehörigen und sogar Fremden zu helfen, stellen Ihre Worte und Gedanken eine unsichtbare Verbindung zu den Engeln her.

Wir alle streben nach Liebe und Frieden, denn beide können nur gemeinsam existieren. Wir müssen lernen, unsere Erde und die Menschen zu lieben und niemandem zu schaden. Mit diesem Buch und den Engelsbotschaften können Sie lernen, wahrhaft zu lieben, sich selbst und anderen Frieden und Heilung zu bringen und diese himmlischen Gaben weise zu nutzen.

Warum also noch mehr »himmlische Botschaften«? Der Erfolg meines ersten Buches, *Angelic Messages*, ist erstaunlich – immer mehr Menschen auf der ganzen Welt werden von ihren Engeln veranlasst, es zu kaufen. Die Engel wollen, dass wir ihre Anwesenheit spüren, und darum haben sie mich zu dieser neuen Sammlung ihrer Botschaften inspiriert. Es ist an der Zeit, dass wir uns der mächtigsten Erzengel bewusst werden, die darauf warten, dass wir mit ihnen Kontakt aufnehmen, und die uns helfen wollen. Darum finden Sie vier Erzengel-Karten (siehe Seite 9–12) in der Box. Zudem wissen die Engel, dass die Welt gerade jetzt Botschaften braucht, die Liebe, Frieden, Weisheit und Heilung bringen.

Der Umgang mit den Karten

Die Botschaft auf den Karten hilft Ihnen, mit Ihren Schutzengeln und mit den Erzengeln Kontakt aufzunehmen (siehe Seite 9–12, 37, 44, 51, 58). Dank dieser Werkzeuge können Sie Ihr spirituelles Bewusstsein erweitern, indem Sie sich zuerst mit Ihrer Seele – Ihrem spirituellen Wesen – und so mit Ihren Engeln und Ihrem Schöpfer verbinden. Wählen Sie einfach eine Botschafts-Karte oder eine Erzengel- und eine Botschafts-Karte aus. Jeder Erzengel regiert eine der vier Gruppen von Botschafts-Karten: Liebe, Heilung, Weisheit und Frieden. Jede Gruppe hat ihre eigene Farbe:

Rosa Karten: Botschaften der Liebe

Erzengel: Michael

Diese Gruppe macht Ihnen die Liebe Ihrer Engel und Ihre Liebe für andere bewusst. Die Karten fordern auch zur Selbstliebe auf, damit Sie glücklicher und erfüllter leben können.

Grüne Karten: Botschaften der Heilung

Erzengel: Raphael

Diese Gruppe bündelt die heilende Energie Ihrer Engel. Heilung muss von innen kommen, und deshalb helfen diese Karten Ihnen, Ihr Leben zu entrümpeln, damit Sie vorwärtsgehen können.

Lila Karten: Botschaften der Weisheit

Erzengel: Gabriel

Diese Gruppe bündelt die Weisheit Ihrer Engel, damit sie alles beeinflusst, was Sie tun, und damit Sie erkennen, dass jede Lektion des Lebens Sie stärker und weiser macht.

Gelbe Karten: Botschaften des Friedens

Erzengel: Uriel

Diese Gruppe hilft Ihnen, inneren Frieden zu finden, damit Sie ihn in dieser unruhigen Zeit weitergeben können.

Die Botschaften und ihre Deutung zeigen Ihnen, wer Sie sind und was Sie fühlen, sodass Sie gezielt Verbindung mit Ihren Engeln aufnehmen können.

Kapitel eins

Die Hierarchie der Engel

Schon die Ältesten Aufzeichnungen belegen, dass die Menschen sich der geflügelten Wesen bewusst sind, die wir heute Engel nennen. Dieses Wissen wurde seit uralten Zeiten mündlich und symbolisch – durch Legenden und Rituale –, später auch schriftlich weitergegeben.

Das Wort »Engel« ist vom griechischen *angelos* abgeleitet, das »Bote« bedeutet. Zwar sind Engel älter als jede organisierte Religion, aber als Boten Gottes wurden sie durch das Judentum, das Christentum und den Islam bekannt. Sie bringen wichtige Botschaften vom Schöpfer und helfen den Menschen, ihre spirituellen Ziele auf Erden zu erreichen.

Viele Menschen glauben an eine Engelshierarchie, die aus drei Sphären besteht. Die Erste ist Gott am nächsten, während die Zweite und Dritte eher mit der materiellen Welt zu tun haben. Die folgenden Beschreibungen zeigen, dass das Wort »Engel« sowohl Himmelswesen als auch die dritte, uns am nächsten gelegene Ebene der Hierarchie bezeichnet.

Die erste Sphäre

Metatron ist der Himmelsschreiber, der alles überwacht, was die Engel tun. Diese Engel sind himmlische Berater:

Seraphim die höchste Ordnung der Engel, umringen, so sagt man, Gottes Thron und rufen »Heilig, heilig, heilig!«

CHERUBIM sind die Hüter des Lichts und der Sterne. Sie hüten das göttliche Wissen, und Gott schickt sie oft mit einem Auftrag zur Erde. Als Engelskrieger vertrieben sie die Menschen aus dem Garten Eden und verhindern ihre Rückkehr.

THRONES oder Ophanim führen Gottes Urteile aus. Sie sind unparteiisch und demütig. Dies sind die Hüter der Planeten, und heute ist es wichtig für uns, den Engel der Erde zu kennen, der unseren Planeten beschützt.

DIE ZWEITE SPHÄRE

DIESE ENGEL SIND himmlische Regenten:

FÜRSTENTÜMER oder Haschmallin regieren die Engel, die unter ihnen stehen, und verbinden die spirituelle mit der materiellen Welt. Ihre Befehle erhalten sie von den Seraphim und Cherubim, und sie sorgen für die Ordnung im Kosmos.

HERRSCHAFTEN sind sehr wichtig für Menschen, die mit Engeln arbeiten wollen; denn sie können Wunder bewirken, weil sie göttliche Energie in gewaltigen Mengen aussenden. Mit ihnen wollen sich jene Menschen verbinden, deren spirituelles Bewusstsein hoch genug ist. Viele von uns arbeiten derzeit mit dieser Sphäre und öffnen die Erde für das spirituelle Wissen und die göttliche Energie. Das geschieht jetzt!

MÄCHTE behüten die Geschichte der Menschheit und trennen Himmel und Erde. Sie geleiten die Seelen der Verstorbenen sicher in den Himmel.

Die dritte Sphäre

Diese Engel arbeiten sehr eng mit unserer Erde zusammen:
Gewalten oder Kräfte beobachten, führen und schützen große Gruppen von Menschen, etwa Nationen und Städte.
Erzengel sind uns – oft namentlich – als Boten Gottes bekannt. Es gibt Millionen von ihnen, und sie haben jetzt häufiger denn je Kontakt mit Menschen. Die bekanntesten sind Michael, Gabriel, Raphael und Uriel.
Engel behüten einzelne Seelen und heißen oft »Schutzengel«. Sie sind von der Geburt bis zum Tod bei uns. Wir nehmen sie wahr, sobald wir nach höherem spirituellem Bewusstsein streben.

Der Erzengel

Erzengel stehen über den Engeln, und obwohl es Millionen von ihnen gibt, nehmen nur sehr wenige mit uns Kontakt auf. Botschafts-Karten ermöglichen Gespräche mit Ihrem Engel und heben Ihr spirituelles Bewusstsein, sodass Sie auch Erzengel um Beistand bitten können.

Die Erzengel-Karten stimmen Sie auf die Energie jedes Erzengels ein und Ihre Erzengel ermutigen und beschützen Sie.

MICHAEL

Liebe, Stärke, Mut, Schutz

MICHAEL, DESSEN Name »Wer ist wie Gott?« bedeutet, wird in jüdischen, christlichen, islamischen und persischen Schriften erwähnt. Oft symbolisiert er körperliche und geistige Kraft, und viele visualisieren ihn in einem kobaltblauen Mantel und mit einem Schwert aus Metall oder Feuer. Sein Schwert durchtrennt die unsichtbaren Fesseln einer ungesunden Beziehung und vertreibt die dunkle Energie von Krankheiten, Furcht und negativen Gefühlen. Seine Stärke ermutigt Sie, reine Liebe auf allen Ebenen zu genießen und mit anderen zu teilen.

Michael ermutigt Sie, seinen spirituellen Schutz anzunehmen und so Probleme des Alltags zu bewältigen.

RAPHAEL

Heilung, Wissen, Wahrheit

RAPHAELS NAME bedeutet »Gott heilt«. Er ist der Schutzpatron der Heiler und der Kranken, und er heilt die Erde. Raphael soll Noah das Buch des Wissens gegeben haben, damit er die Welt nach der Flut wieder aufbauen konnte.

Raphaels Energie kann in jedes erkrankte Organ eindringen, und ihm stehen Heerscharen von Engeln zur Verfügung, um zu lindern und zu heilen. Er nutzt die Energie der Liebe und des Lichts und arbeitet mit Heilern und Beratern aller Art zusammen, um vielen Menschen Heilung und Frieden zu bringen. Er verhindert, dass Heiler die negative Energie ihrer Patienten absorbieren. Außerdem hilft er uns, Kontakt mit unserem inneren Selbst aufzunehmen und Zweifel zu überwinden, die uns davon abhalten, im Leben weiterzukommen. Wenn wir die Finsternis in uns ignorieren, können wir seelisch und geistig nicht wachsen. Raphael gibt uns den Mut und das Wissen, um unserer Dunkelheit gegenüberzutreten und empfänglich zu werden. Wir können anderen vergeben, die uns verletzt haben, und jene um Verzeihung bitten, denen wir wehgetan haben. So befreien wir uns von Schmerzen, Groll und Wut.

Raphael inspiriert uns, unser Leben zu entrümpeln, und zeigt uns, wie wir nicht nur unsere Lebensweise, sondern auch das Leben unserer Mitmenschen verbessern können.

GABRIEL

Harmonie, Weisheit, Hoffnung, Träume

GABRIEL, DESSEN Name »Gott ist meine Stärke« bedeutet, ist als Überbringer von Hoffnung und Weisheit bekannt. Er beriet Josef und teilte das Wasser des Roten Meeres, als die Israeliten vor dem Pharao flohen. Gabriel prophezeite Maria die Geburt Jesu und diktierte Mohammed den Koran, und man sagt, er werde am Ende der Welt die Posaune des Jüngsten Gerichts blasen.

Gabriel hilft Ihnen, sich auf Hoffnungen, Träume und Ziele zu konzentrieren, und schenkt Ihnen Weisheit in allem, was Sie tun, und in allem, was Ihnen begegnet. Er zeigt Ihnen, wie Sie Botschaften vom Kosmos, vom hohen Selbst, von Geistführern und von Lehrern empfangen können. Er übermittelt Ihnen frohe Botschaften und sorgt dafür, dass Sie Warnungen in Träumen verstehen.

Uriel (Auriel)

Frieden, Einsicht, Klarheit

Uriels name bedeutet »Gottes Feuer«. Er warnte Noah vor der Flut, und wenn wir Kummer und Schmerzen haben, zeigt er uns den Weg aus dem seelischen Labyrinth und schenkt uns wieder Frieden und Hoffnung.

Wenn Sie sich nicht entscheiden können, bitten Sie Uriel, Ihnen Weisheit zu schenken. Er bringt Klarheit und Einsicht, sodass Sie die verborgenen Pläne anderer verstehen und die Folgen Ihres Handelns erkennen.

Schutzengel

Jede menschliche Seele hat einen Schutzengel, der ihre Entwicklung seit ihrer ersten Inkarnation überwacht. Er kennt den Sinn unseres Lebens und bleibt von der Geburt bis zum irdischen Tod immer an unserer Seite, gleich, welche Fehler wir machen.

Unser Schutzengel schenkt uns immerzu Liebe und Führung. Er flüstert uns weise und wahre Worte ins Ohr – aber wir müssen hinhören. Helfen kann er uns nur, wenn wir ihn dazu einladen. Wenn Sie jedoch in einer lebensgefährlichen Situation sind und es nicht Ihr Schicksal ist, zu leiden oder zu sterben, hilft er Ihnen so, dass es wie Zufall aussieht.

Mit den Botschafts-Karten (siehe Seite 37–64) bitten Sie Ihren Schutzengel um Hilfe und Führung.

Kapitel zwei

Laden Sie Engel in Ihr Leben ein

In dieser Phase unserer Entwicklung suchen immer mehr Menschen nach spiritueller Erleuchtung. Wir haben erkannt, dass wir viel mehr brauchen als materielle Dinge, und darum streben wir nach tiefer Erfüllung auf intellektueller, seelischer und vor allem geistiger Ebene.

Ihre Engel sind seit Ihrer Geburt bei Ihnen, aber sie können nur Kontakt mit Ihnen aufnehmen, wenn Sie es wollen. Um Ihnen dabei zu helfen, habe ich einen Sechs-Stufen-Plan entworfen, damit Sie sich zuerst mit Ihrer Seele verbinden und dann mit Engeln reden können. So wie man ein Radio auf eine neue Frequenz einstellt, können Sie auch Gedanken und Taten verändern, um sich auf die spirituellen Schwingungen Ihrer Engel einzustimmen.

Sechs Schritte zu Ihren Engeln

Diese Schritte zeigen Ihnen, wie Sie Kontakt mit Geistwesen aufnehmen, die immer bei Ihnen sind und Sie bedingungslos lieben. Ihre Schutzengel kennen alle Ihre Gefühle, alle Ihre Höhen und Tiefen. Sie bleiben bei Ihnen und geben Ihnen Liebe und Unterstützung, vor allem in Augenblicken des Zweifels, der Niedergeschlagenheit und der Krankheit, wenn Sie Hilfe am dringendsten brauchen.

1. Schritt: Lieben und verstehen Sie sich selbst

Bevor die spirituelle Transformation beginnen kann, müssen Sie lernen, sich selbst zu lieben, damit Sie innerlich wachsen. Dieser Schritt ist wichtig, denn Sie müssen daran glauben, dass Sie die Liebe und Weisheit der Engel verdient haben.

Beseitigen Sie schmerzliche Erinnerungen und Schuldgefühle – wenn Sie daran festhalten, kommen Sie nicht weiter. Verbannen Sie alle negativen Gedanken aus Ihrem Kopf. Selbsthass und Schuldgefühle entstehen, wenn Sie an einem bösen Gedanken über sich selbst haften. Selbstachtung gründet auf Selbsterkenntnis. Sie können sich vergeben. Ihre Vergangenheit ist abgeschlossen –

gehen Sie weiter. Ihre Selbstbewusstheit wächst ein Leben lang. Sie haben Wissen gesammelt und eine vorherbestimmte Lebensphase erreicht, in der Sie mit materiellen oder finanziellen Vorteilen nicht mehr zufrieden sind. Sie sind bereit für den nächsten Schritt.

2. SCHRITT: WAS WOLLEN SIE ERREICHEN?

SCHAUEN SIE IN SICH hinein, um herauszufinden, warum Sie gerne Engel in Ihr Leben einladen würden. Zwar haben die Engel auf diesen Augenblick gewartet, aber es kommt sehr selten vor, dass sie in Ihren Alltag eingreifen oder Sie vor Fehlern bewahren – sie können nur Weisheit und Liebe anbieten.

Dies ist eine ganz persönliche Reise, und nur Sie wissen in Ihrem Inneren, ob Sie reif für diesen Schritt sind. Sobald Sie die vorige Entwicklungsphase hinter sich haben, sollten Sie sich fragen, ob Sie weitermachen wollen. Falls Sie nicht sicher sind, warten Sie. Wenn die Zeit da ist, spüren Sie es.

3. SCHRITT: WELCHEN SINN HAT IHR LEBEN?

JETZT MÜSSEN SIE verstehen, warum Sie so weit gekommen sind. Es gehört zu Ihrem Karma, bestimmte Lektionen zu lernen und sich in diesem Leben spirituell weiterzuentwickeln.

Überlegen Sie, wie der Kontakt mit Engeln Ihnen helfen kann, den Sinn Ihres Lebens zu entdecken. Ihr Wunsch, mit Engeln zu kommunizieren, muss nicht nur von Herzen kommen, sondern auch aus der Seele. Sie müssen bereit sein, eine neue Lebensphase zu beginnen und die Welt mit neuen Augen zu sehen. Die Kabbala (eine jüdische Mystik) lehrt, dass wir blind durchs Leben gehen, bis wir lernen, unseren sechsten Sinn zu nutzen. Befreien Sie sich, und begreifen Sie, wie wundervoll unsere Welt ist.

Sind Sie bereit, ein offener Kanal für den Kosmos zu sein? Haben Sie ehrliche Absichten, wollen Sie wachsen und sich entwickeln, Ihre Engel wahrnehmen?

4. Schritt: Öffnen Sie sich den Engeln

Nun sind Sie bereit für das Gespräch mit den Engeln und müssen erfahren, wie Sie zu einem offenen Kanal für die Himmelswesen werden.

Suchen Sie einen Platz auf, an dem niemand Sie stört, damit Sie sich ganz darauf konzentrieren können, sich den Engeln zu öffnen.

Beruhigen Sie Ihre Gedanken, um die Botschaften der Engel deutlich zu verstehen; sonst ist es schwierig, zwischen Engelsbotschaften und Phantasie zu unterscheiden, oder Sie verstehen die empfangenen Botschaften nicht vollständig.

Setzen Sie sich in ein ruhiges Zimmer, oder gehen Sie im Garten, einem Park oder im Freien an einem ruhigen Ort spazieren. Vielen Menschen hilft ein heiliger Ort (siehe Seite 19), an den sie regelmäßig zurückkehren, um sich sehr schnell zu beruhigen und zu konzentrieren. Jetzt lernen Sie, entspannt und friedvoll zu sein, wann immer es notwendig ist. Siehe auch die Meditationen auf Seite 27–33.

5. SCHRITT: ÖFFNEN SIE SICH FÜR DIE KOMMUNIKATION

JETZT KÖNNEN SIE Ihre Engel einladen, mit Ihnen zu kommunizieren. Bisher haben Sie an Ihrer Selbstachtung gearbeitet und außen (zu Hause) wie innen (im Herzen und in der Seele) Platz für die Energie und Weisheit der Engel geschaffen. Es kann eine Weile dauern, bis Sie und die Engel dieselbe Frequenz haben; doch mit der Zeit werden Ihre spirituellen Schwingungen höher, und Sie spüren den Kontakt.

Viele Menschen ziehen es vor, sich den Engeln durch Meditation zu öffnen (siehe Seite 27–33); anderen fällt es leichter, sich zu entspannen und die Verbindung mit der Seele zu spüren. Wichtig ist, dass es verschiedene Kommunikationswege gibt.

ENGEL WAHRNEHMEN

MANCHE MENSCHEN sehen oder hören ihre Engel. Ich spüre ihre Gegenwart in Form von Energieschwingungen, die mich durchdringen, und von Worten, die ich empfange, wenn ich Bücher schreibe. Außerdem nehme ich ihre Energie und die Energie meiner Geistführer wahr, wenn ich mit Menschen arbeite, die bei mir Heilung suchen.

Ich brauchte nie zu meditieren, weil ich schon als Kind offen für meine Engel war. Die Engel, die mich inspirierten, Bücher zu schreiben, lehrten mich, dass ich geerdet sein muss, wenn ich heile oder Botschaften übermittle – ich stelle mir vor, dass Wurzeln aus meinen Fußsohlen in die Erde wachsen.

Es fasziniert mich, dass so viele neue und unterschiedliche Bücher über Meditation den gleichen Rat geben. Das ist ein Beispiel dafür, dass Engel Wissen vermitteln, das wir unmöglich dem Verstand verdanken können.

6. SCHRITT: DANKBARKEIT

NACH DEM GESPRÄCH mit Ihren Engeln sollten Sie sich bedanken. Die Engel haben Sie mit bedingungsloser Liebe und Hilfe gesegnet; darum ist es wichtig, ihnen zu sagen, wie sehr Sie ihre Anwesenheit in Ihrem Leben schätzen.

Seien Sie unbesorgt, wenn Sie nicht genau wissen, ob Sie Ihre Engel gespürt haben. Sie haben Herz und Seele für den Kosmos geöffnet, und schon das genügt, um Ihr Denken und Handeln zu ändern.

Der Heilige Ort

Für viele Menschen ist der heilige Ort in ihrem Heim ein Hafen, in dem sie ruhig und gelassen sind. An diesem besonderen Platz, den Sie selbst wählen, können Sie meditieren und regelmäßig mit Ihren Engeln reden. Mit der Zeit spüren Sie auch, dass die Atmosphäre sich an diesem Ort so verändert, dass es Ihnen leichter fällt, dort Ihr spirituelles Bewusstsein zu erweitern. In diesem Heiligtum können Sie Werkzeuge benutzen, um die Kommunikation mit den Engeln zu fördern. Hier sind einige Tipps – wählen Sie aus, was Ihnen gefällt.

Kristalle

Ich umgebe mich gerne mit Kristallen, besonders wenn ich schreibe oder andere Arbeiten verrichte. Kristalle übertragen Energie. Wenn Sie sich spirituell entwickeln, spüren Sie die Schwingung eines Kristalls.

Falls Sie nicht wissen, welchen Kristall Sie haben möchten, betrachten Sie eine Auswahl. Welcher Kristall zieht Sie an? Man sagt, dass nicht wir einen Kristall aussuchen, sondern dass er uns aussucht. Folgen Sie Ihrer Intuition.

Waschen Sie den Kristall nach dem Kauf in Wasser mit Meersalz (sehr zerbrechliche Exemplare reinigen Sie unter fließendem

Wasser), um negative Schwingungen zu entfernen, die er womöglich absorbiert hat. Nehmen Sie ihn dann in die Hand, und stimmen Sie sich auf ihn ein. Überlegen Sie, wobei der Kristall Ihnen helfen soll. Bitten Sie ihn zum Beispiel um bessere Konzentration, Energie oder Heilung.

Einer der wirksamsten Kristalle ist der Quarz. Wenn Sie sich nicht entscheiden können, fangen Sie mit klarem Quarz an, der leicht erhältlich ist. Es ist nicht wichtig, wie ein Kristall aussieht. Wenn Sie ihn mögen, ist er für Sie der Richtige.

Ich habe eine herrliche Sammlung von Kristallen; dennoch suche ich ständig neue. Einmal fühlte ich mich von einem ungewöhnlich aussehenden Kristall angezogen – einer Mischung aus schwarzem Turmalin und Quarz. Ich wusste, dass seine Eigenschaften für mich wichtig waren: die Energie des Quarz und die schützenden Qualitäten des Turmalins. Aber ich fand ihn auch überaus schön, obwohl er für viele Menschen wohl nur wie ein schwarzweißer Stein aussieht. Kaum hatte ich ihn gereinigt und auf den Tisch gelegt, hagelte es geschäftliche Erfolge. Zufall? Ich glaube nicht!

KERZEN

DIE FLAMME EINER Kerze fördert die Konzentration und beruhigt die Gedanken. Auch ihre Farbe kann den Kontakt begünstigen, den Sie anstreben.

WEISSE KERZEN bringen Freundschaft und Reinheit.

BLAUE, GRÜNE, VIOLETTE ODER WEISSE KERZEN begünstigen die Heilung.

VIOLETTE KERZEN stärken die Spiritualität.

ROSA KERZEN stärken romantische und platonische Beziehungen.

ZÜNDEN SIE KERZEN nur in Kerzenhaltern an. Sie dürfen nicht in der Nähe von leicht entflammbaren Gegenständen brennen und nie unbeaufsichtigt sein.

Wenn Sie Erzengel-Karten benutzen (siehe Seite 23–25), empfehle ich farbige Kerzen, die zur Form der Kommunikation passen.

DÜFTE

BEVOR SIE MIT Engeln reden, sollten Sie entspannt sein. Der Duft von brennendem Weihrauch oder eines speziellen Aromaöls fördert die körperliche und seelische Gelassenheit. Bestimmte Öle, zum Beispiel Lavendel und Bergamotte, lockern den Geist und die Muskeln.

Geranium, Süßorange und Neroli (Orangenblüten) heben die Stimmung und bauen Stress ab. Experimentieren Sie mit verschiedenen Aromaölen, und wählen Sie Düfte aus, die Ihnen gefallen.

FARBEN

FARBEN SPIELEN EINE wichtige Rolle, wenn wir den Körper und die Seele ansprechen wollen. Bewahren Sie Ihre bunten Botschafts- und Erzengel-Karten zusammen mit frisch gepflückten Blumen oder Topfblumen an Ihrem heiligen Ort auf.

LAUTE

VIELE MENSCHEN entspannen sich leichter, wenn sie die Meditationen in diesem Buch (siehe Seite 27–33) vorher auf Band sprechen. Dann brauchen sie nicht an den nächsten Schritt zu denken, sondern können loslassen und einfach sein, wenn sie einen höheren Bewusstseinszustand erreichen.

Vielleicht hören Sie beim Meditieren gerne entspannende Musik. Ich bevorzuge Stille, denn ich weiß, dass die Schwingungen der himmlischen und spirituellen Ebenen feiner oder höher sind als jene der Musik. Wenn Sie mit Engeln kommunizieren, sollten Sie also auf externe Geräusche verzichten.

Der Umgang mit den Karten

Es gibt viele Anwendungsmöglichkeiten für die Botschafts-Karten. Die Karten regen das Unbewusste dazu an, den sechsten Sinn zu nutzen und das spirituelle Bewusstsein zu heben. Sie helfen Ihnen, Kontakt mit Ihrer Seele, der Essenz Ihres Lebens, aufzunehmen, sodass Sie mit Ihren Schutzengeln und mit den Erzengeln kommunizieren können. Dieses Set besteht aus 48 Botschafts-Karten und 4 Erzengel-Karten.

Drei Möglichkeiten, die Erzengel-Karten zu benutzen

Mit den Erzengel-Karten können Sie sich auf die Energie der Erzengel Michael, Gabriel, Uriel und Raphael einstimmen. Sie können die Karten allein oder mit den Botschafts-Karten verwenden. Jeder Erzengel besitzt verschiedene Eigenschaften und Stärken.

1. Wählen Sie eine Erzengel-Karte für einen Tag oder eine Woche aus, und legen Sie sie an einen sicheren Ort. Legen Sie dann eine

»blind« gezogene Botschafts-Karte auf die Erzengel-Karte. Angenommen, Sie haben Gabriel als Führer durch die Woche ausgesucht und am Montag die Botschaft »Möge die Liebe und Harmonie der Engel dich auf dem Weg durchs Leben erfüllen« erhalten. Denken Sie über diese Worte nach, und bitten Sie Ihre Engel und Erzengel Gabriel um Hilfe, damit Sie bei allem, was Sie tun, nach dieser Botschaft handeln und sie an andere weitergeben.

2. Wählen Sie eine oder mehrere Erzengel-Karten aus, und meditieren Sie darüber. Bitten Sie den Erzengel um Führung, Weisheit und Liebe.

3. Legen Sie die Karten an Ihren heiligen Ort (siehe Seite 19). Wenn Sie in bestimmten Lebensbereichen Hilfe brauchen, wählen Sie den Erzengel aus, dessen Weisheit und Rat Sie nutzen wollen.

Öffnen Sie sich jeden Tag einige Zeit Ihren Engeln (siehe Seite 14–18). Auch Kerzen und Kristalle helfen Ihnen in bestimmten Bereichen des Lebens; sie sind Brennpunkte, die es Ihnen leichter machen, sich auf Ihre Probleme zu konzentrieren.

Erzengel Michael

Liebe: Rosenquarz, Amazonit, Aventurin, Karneol. Zünden Sie eine rosa Kerze an, wenn Sie Freundschaft, Liebe und Romantik suchen. Eine rote Kerze stärkt die Leidenschaft.

Stärke: Achat, Quarz, Tigerauge. Rote Kerze.

Mut: Karneol, Zitrin, Jade, Moosachat, Sodalith. Orangefarbene Kerze.

Schutz: Schwarzer Turmalin, Hämatit, schwarzer Obsidian. Blaue oder goldene Kerze.

ERZENGEL RAPHAEL

HEILUNG: Amazonit, Amethyst, Blutstein, Zitrin, grüner Aventurin, Malachit, Peridot, Quarz. Grüne, blaue, weiße oder lila Kerze.

WISSEN: Karneol, Zitrin, Quarz, Rutilquarz, Fluorit, Hämatit, Pyrit. Gelbe oder orangefarbene Kerze.

WAHRHEIT: Amethyst, Ametrin, Zitrin, Mondstein, Quarz, Tigerauge. Silberne oder goldene Kerze.

ERZENGEL GABRIEL

HARMONIE: Sodalith, Rosenquarz. Grüne, blaue oder weiße Kerze.

WEISHEIT: Kunzit, Quarz, Rutilquarz, Rhodochrosit, Sodalith. Blaue Kerze.

HOFFNUNG UND TRÄUME: Aquamarin, Amethyst, Chrysokoll, Zitrin, Mondstein, Quarz. Eine violette Kerze hilft Ihnen, sich auf spirituelle Bewusstheit zu konzentrieren. Orange bringt Fülle ins Leben. Grün begünstigt Wohlstand.

ERZENGEL URIEL

FRIEDEN: Aventurin, Blutstein, Quarz, Rosenquarz, Sodalith. Hellblaue Kerze.

EINSICHT: Aquamarin, Amethyst, Zitrin, Labradorit, Lapislazuli, Malachit, Mondstein, Quarz, Rutilquarz, Silber, Sodalith. Orange- oder silberfarbene Kerze.

KLARHEIT: Amazonit, Karneol, Chrysopras, Granat, Mondstein, Tigerauge, Quarz, Selenit. Gelbe oder orangefarbene Kerze.

Sieben Möglichkeiten, die Botschafts-Karten zu benutzen

Sie werden bald selbst herausfinden, wie Sie Ihre Karten benutzen. Die folgenden Methoden sind nur eine Anregung.

1. Legen Sie alle Karten verdeckt in eine Schale, und ziehen Sie jeden Tag eine. Lesen Sie die Botschaft, und denken Sie tagsüber daran. Wenn Sie in Eile sind, etwa vor der Arbeit oder weil Sie die Kinder zur Schule bringen, hebt die Karte Ihre Stimmung und bereitet Sie auf den Tag vor.
2. Oder blättern Sie die Seiten 37–64 dieses Buches durch, und schlagen Sie »blind« eine auf. Lesen Sie die Botschaft und die Deutung, von der Sie zuerst angezogen werden.
3. Wenn Sie einen Rat zum Thema Liebe, Heilung, Weisheit oder Frieden brauchen, ziehen Sie blind eine Karte aus der richtigen Gruppe.
4. Stellen Sie Ihren Engeln eine Frage, und ziehen Sie dann blind eine Karte. Denken Sie über die Botschaft nach, und lassen Sie sich zur Antwort führen.
5. Auch für einen Freund oder Angehörigen können Sie eine Karte ziehen. Sobald Sie den Kontakt mit den Engeln spüren, bitten Sie darum, Ihre Gedanken sowie die Energie und den Schutz der Engel auf diesen Menschen zu übertragen.
6. Ziehen Sie eine Karte (oder beliebig viele), und meditieren Sie darüber.
7. Legen Sie die Botschafts-Karte auf die Erzengel-Karte, und meditieren Sie über beide.

ROSA: Liebe

GRÜN: Heilung

VIOLETT: Weisheit

GELB: Frieden

Meditationen, die Ihnen helfen, mit Ihren Engeln Kontakt aufzunehmen und zu arbeiten

Die Meditation verändert den Bewusstseinszustand. Sie macht den Geist ruhig und klar, sodass Sie sich auf die höheren spirituellen Schwingungen einstimmen können. Der Geist leidet im Alltag oft unter Reizüberflutung und huscht von einem Gedanken zum nächsten. Durch richtige Atmung und Meditation lernen Sie, den Geist zu beruhigen und bewusst zu lenken.

Wichtig ist, dass Sie an einem stillen Platz meditieren, zum Beispiel an Ihrem heiligen Ort (siehe Seite 19), wo niemand Sie stört. Sitzen ist besser als Liegen, damit Sie nicht einschlafen. Ziehen Sie die Schuhe aus, sodass die Füße Kontakt mit dem Boden haben.

So benutzen Sie Ihre Botschafts-Karten zum Meditieren:
1. Ziehen Sie blind eine Karte (oder eine, die Sie anzieht).
2. Sie können auch eine oder mehrere Erzengel-Karten vor sich hinlegen, um sich besser auf die Energie der Erzengel konzentrieren zu können. Legen Sie Ihre blind gezogene Botschafts-Karte auf oder neben die Erzengel-Karte, und konzentrieren Sie sich auf die Energie beider Karten.
3. Wenn Sie an einem bestimmten Problem arbeiten wollen, ziehen Sie blind eine Botschafts-Karte aus dem Deck oder aus einer oder zwei Gruppen und meditieren darüber.
4. Während der Meditation (siehe Seite 29–34) können Sie einige Botschaften laut lesen, um sich besser darauf konzentrieren und mit den Engeln verbinden zu können.

Die Meditation beenden

Achten sie darauf jede Meditation richtig zu beenden. Andernfalls absorbieren Sie womöglich die Gefühle und Gedanken anderer. Visualisieren Sie, wie die Energie aus dem Kopf durch den Körper und die Fußsohlen zurück zu ihrer Quelle in der Erde fließt. Da diese Energie strahlendes Licht ist, wird das Licht ganz von selbst blasser, während Sie behutsam in den Wachzustand zurückkehren.

Kontakt-Meditation

Durch diese Meditation nehmen Sie mit Ihrer Seele und mit Engeln Kontakt auf. Sie beseitigt hinderliche negative Einflüsse, sodass Sie die Vergangenheit ruhen lassen und sich auf neue Chancen und Einsichten freuen können.

1. Setzen Sie sich an einem ruhigen Platz oder an Ihrem heiligen Ort (siehe Seite 19) bequem und entspannt hin. Ziehen Sie die Schuhe aus, sodass die Fußsohlen den Boden berühren.
2. Konzentrieren Sie sich auf die Atmung: tief einatmen, einige Sekunden warten, dann ausatmen. Stellen Sie sich vor, weißes Licht – reine Energie – einzuatmen und das blaue Licht der Blockaden, Hemmungen und unnützen Dinge im Leben auszuatmen, bis Sie ganz entspannt sind.
3. Visualisieren Sie Wurzeln, die aus Ihren Fußsohlen in die Erde wachsen und Sie während der ganzen Übung mit ihr verbinden.
4. Spüren Sie, wie die Wurzeln Energie aufnehmen und durch die Füße in die Beine leiten.
5. Diese Energie fließt durch den ganzen Körper: in den Rumpf, die Arme, Hände und Finger, die Brust, den Hals und den Kopf.
6. Die Energie erfüllt jede Faser Ihres Wesens und beseitigt negative Gedanken und Erinnerungen sowie Schuldgefühle.

7. Verbinden Sie sich jetzt mit Ihrer Seele, Ihrer spirituellen Essenz. Die Seele nimmt nun Kontakt mit der himmlischen Ebene auf, ohne dass irdische Probleme Sie daran hindern.

8. Laden Sie Ihre Engel und den Kosmos ein, Ihnen Führung und Weisheit zu schenken. Bitten Sie darum, den Kontakt immer deutlicher zu spüren. Fragen Sie zum Beispiel: »Welche Schritte soll ich in meinem Leben unternehmen?«

9. Zum Schluss danken Sie den Engeln für ihre Zuwendung und Hilfe.

10. Konzentrieren Sie sich nun auf die Atmung, und lassen Sie die Energie vom Scheitel durch den Hals und den Rumpf, von den Fingerspitzen durch die Arme und durch die Beine und Füße zurück zu ihrer Quelle fließen.

11. Entspannen und sammeln Sie sich, ehe Sie aufstehen und sich um den Rest des Tages kümmern.

Meditieren, um Engel einzuladen

Diese Meditation erweitert Ihr spirituelles Bewusstsein, wenn Sie Engel in Ihr Leben einladen. Mit der Zeit werden Sie zu einem offenen Kanal für die himmlische Ebene.

1. Setzen Sie sich an Ihrem heiligen Ort bequem hin.
2. Ziehen Sie die Schuhe aus, und stellen Sie die Füße flach auf den Boden. Entspannen Sie sich durch Konzentration auf die Atmung.
3. Visualisieren Sie Wurzeln, die aus Ihren Fußsohlen durch den Boden in die Erde wachsen. Spüren Sie, wie die Energie der Erde – das weiße Licht – durch die Wurzeln in den ganzen Körper fließt.
4. Die weiße Energie strömt in den Kopf und durch eine Öffnung im Scheitel in den Kosmos und auf die himmlische Ebene.
5. Laden Sie die Engel in Ihr Leben ein. Bitten Sie darum, dass Sie sich Ihrer Gegenwart bewusst werden. Bitten Sie dann um Hilfe bei Ihrem Problem.
6. Aalen Sie sich in ihrer Energie, die Sie einhüllt.
7. Danken Sie den Engeln für ihr Kommen.
8. Nun verblasst die weiße Energie, die zwischen Ihnen und dem Kosmos fließt, und hört auf zu strömen.
9. Die Energie sickert vom Scheitel durch den ganzen Körper in die Füße.
10. Die Wurzeln leiten die Energie zurück zu ihrer Quelle in der Erde.

Meditieren, um mit Engeln zu reden

Diese Übung hilft Ihnen, mit Ihren Engeln Verbindung aufzunehmen und sich ihrer Anwesenheit bewusst zu werden. Anfangs spüren Sie vielleicht nicht viel, aber bald wird Ihr Leben sich verändern, und es kann sein, dass Sie die Engel als Schatten sehen oder ihre Wärme wie einen schwachen Strom wahrnehmen, der oft in den Armen beginnt.

1. Setzen Sie sich an Ihrem heiligen Ort bequem hin.
2. Ziehen Sie die Schuhe aus, und stellen Sie die Füße flach auf den Boden.
3. Konzentrieren Sie sich auf die Atmung: tief ein- und ausatmen. Wenn Sie ganz entspannt sind, können Sie anfangen.
4. Visualisieren Sie Wurzeln, die aus Ihren Fußsohlen in die Erde wachsen. Spüren Sie, wie die Energie in die Füße fließt. Atmen Sie nun weißes oder goldenes Licht ein.
5. Das Licht füllt die Lungen und dann den ganzen Körper bis in die Fingerspitzen.
6. Das Licht strömt in den Kopf, durch den Scheitel und hinauf zu Ihren Engeln (siehe die vorige Meditation, Seite 31).
7. Laden Sie Ihre Engel ein, Kontakt mit Ihnen aufzunehmen. Das kann eine Weile dauern, denn Ihre Schwingungsfrequenz muss hoch genug sein. Mit der Zeit wird es einfacher.
8. Sobald Sie ein herrliches Wesen spüren, nehmen Sie Verbindung mit ihm auf. Nehmen Sie seine Gegenwart wahr. Vielleicht prickeln die Arme, oder Sie spüren leichte Hitzewellen oder hören sogar etwas. Das ist bei jedem Menschen anders.
9. Sprechen Sie mit Ihren Engeln. Bitten Sie um Hilfe, oder wünschen Sie sich, spiritueller zu werden.

10. Bitten Sie die Engel um Liebe, Verständnis und Weisheit, damit Sie glücklicher und besser werden und diese Gaben an jene Menschen weiterreichen können, die spirituell noch nicht so weit entwickelt sind.
11. Empfangen Sie die wundervolle Energie Ihrer Engel, die Ihr ganzes Wesen erfüllt.
12. Zum Schluss danken Sie den Engeln.
13. Konzentrieren Sie sich auf die Atmung, und hören Sie auf, Energie durch den Scheitel in den Kosmos zu leiten.
14. Visualisieren Sie, wie die Energie beim Ausatmen den Körper verlässt und schließlich verschwindet.
15. Auch die Wurzel-Energie fließt durch die Füße zurück zur Quelle in der Erde.
16. Sammeln Sie sich eine Weile, ehe Sie aufstehen.

Gruppenmeditation

Vielleicht meditieren Sie gerne mit einer Gruppe von Gleichgesinnten. Die vereinigte Energie der Gruppe kann einen erhöhten Bewusstseinszustand hervorrufen und mächtig sein. Ein Mitglied führt die Gruppe und spricht die Anweisungen, sofern sie nicht vom Band kommen. Es ist hilfreich, wenn alle im gleichen Rhythmus atmen.

1. Sie sitzen im Kreis und halten einander an den Händen. Der Leiter weist alle an, durch die Nase ein- und auszuatmen und dabei jeweils bis 4 zu zählen – bis er merkt, dass die Gruppe ruhig und entspannt ist.
2. Verwenden Sie eine der Meditationen auf Seite 29–32 oder eine andere.

3. Nun spricht ein Mitglied eine oder mehrere Engelsbotschaften, oder jedes Mitglied zieht blind eine Botschafts-Karte und liest sie vor. Sie können auch eine kurze Botschaft aus diesem Buch vorlesen, auf Wunsch auch die Deutung (siehe Seite 37–64).
4. Nun bittet der Leiter die Mitglieder, ihre Engel nach Belieben vor, hinter oder über der Gruppe zu visualisieren.
5. Jedes Mitglied spricht stumm mit seinen Engeln, stellt Fragen und bittet um Rat.
6. Der Leiter bittet darum, die Namen von Menschen, die Hilfe brauchen, laut auszusprechen.
7. Alle senden der ganzen Welt heilende, friedliche und liebevolle Gedanken.
8. Zum Schluss dankt die Gruppe den Engeln für Liebe und Weisheit, Rat und Schutz.

TRÄUME UND IHRE ENGEL

VIELE MENSCHEN haben keine Zeit für Kontakte mit Engeln, doch irgendwann verlangt ihr Geist, dass sie zuhören. Dann melden sich die Engel sehr oft in Träumen.

Nach dem Aufwachen fällt ihnen plötzlich ein, dass sie Engel gehört oder gesehen haben. Das kommt ihnen anfangs sonderbar vor, doch die Erinnerung ist hartnäckig. Dies kann der Beginn einer spirituellen Suche sein.

Sie können die Botschafts-Karten benutzen, um den Kontakt mit den Engeln in Ihren Träumen zu erleichtern. Meditieren Sie über eine oder mehrere Karten, bevor Sie schlafen gehen, und bitten Sie die Engel, mit Ihnen zu kommunizieren.

Wenn der Kontakt mit Engeln Sie dennoch nervös macht, gibt diese Methode Ihnen bald das nötige Selbstvertrauen, sodass Sie auch tagsüber mit den Engeln einfach Verbindung aufnehmen können.

Im Traum eine Frage stellen

Wenn Sie ein Problem haben, kann der Kontakt mit Ihren Engeln im Traum sehr nützlich sein. Diese Methode, oft »Trauminkubation« genannt, benutzten die ersten Kabbalisten (Anhänger einer jüdischen Mystik), und sie wird auch von vielen modernen Mystikern angewandt. Ich empfehle diese zwei Techniken:

1. Meditieren Sie vor dem Einschlafen über die Frage, und bekräftigen Sie laut oder stumm:
Engel, bitte kommt in meine Träume und beantwortet diese Frage (formulieren Sie die Frage). *Helft mir, mich nach dem Aufwachen klar und deutlich an eure Botschaft zu erinnern. Ich danke euch.*

2. Sie können die Frage auch auf einen Zettel schreiben und vor dem Schlafengehen unter das Kopfkissen legen. Sagen Sie zu den Engeln:
Engel, bitte gebt mir eine Antwort auf diese Frage (formulieren Sie die Frage) *und helft mir, mich nach dem Aufwachen klar und deutlich an eure Botschaft zu erinnern. Ich danke euch.*

Selbst wenn Sie Ihre Träume normalerweise vergessen, wird der Erfolg dieser Methode Sie überraschen. Wenn Sie sich mit diesen wirksamen Affirmationen auf Ihre Engel und Ihr Unbewusstes einstimmen, werden Ihre Träume lebhafter, und Sie erinnern sich besser an sie.

Zum Schluss …

Wir leben in einer wundervollen Welt. Jeden Tag werden neue Organismen entdeckt, und die Wissenschaften machen ständig Fortschritte. Die Engel nehmen jetzt häufiger Kontakt mit uns auf, obwohl wir es nicht immer merken. Ihre Engel lieben Sie und geleiten Sie durch alle Widrigkeiten des Lebens. Wenn Sie ihre Gegenwart spüren, wissen Sie, dass Sie nicht nur in einem materiellen Körper leben, sondern auch einen spirituellen Kern haben. Danken Sie Ihren Engeln dafür, dass sie immer bei Ihnen sind. Laden Sie sie in Ihr Leben ein, und geben Sie ihre Botschaften der Liebe, des Friedens, der Hoffnung und der Weisheit an Angehörige, Freunde und die ganze Menschheit weiter.

Kapitel drei

Die Botschaften

Botschaften der Liebe

Michael

Liebe, Stärke, Mut und Schutz

Wenn Sie sich auf Michaels Karte konzentrieren, finden Sie die innere Kraft, um sich selbst und dann auch andere zu lieben. Sie können auch über diese Karte meditieren und Michael bitten, Sie zu heilen und vor Gefahren zu schützen oder negative Energie aus Ihrem Haus oder Büro zu entfernen. Seine Energie gibt Ihnen Mut, sodass Sie Probleme wie ungesunde Beziehungen, Furcht und Krankheit überwinden können.

Zusammen mit den Botschafts-Karten verleiht diese Karte dem Kontakt mit Engeln zusätzliche Energie und Stärke. Michaels Karte mit einer Botschaft der Heilung fügt Ihren heilenden Gedanken Liebe, Kraft, Mut und Schutz hinzu.

1

SPÜRE DIE FREUDE UND LIEBE DES UNIVERSUMS.

IHRE SPIRITUELLE Entwicklung hat begonnen. Nun wird es leichter, sich der Liebe der Engel zu öffnen. Diese Liebe nehmen Sie als leises Gefühl des Friedens, der Freude und der Harmonie wahr. Jetzt können Sie zum offenen Kanal für die heilende Energie des Universums werden.

2

MÖGE DIE LIEBE UND HARMONIE DER ENGEL DICH AUF DEM LEBENSWEG ERFÜLLEN.

DIE LIEBE IHRER Engel begleitet Sie auf allen Wegen. Entspannen Sie sich, und bitten Sie darum, die Anwesenheit Ihrer Engel zu spüren. Mit der Zeit werden Sie die Führung und Liebe der Engel immer und überall wahrnehmen.

3

Lass dir von Engeln aufhelfen, wenn du fällst. Sie lieben dich, selbst wenn du glaubst, es nicht zu verdienen.

Wir alle machen irgendwann im Leben harte Zeiten durch, körperlich und seelisch. Laden Sie Ihre Engel ein, und spüren Sie ihre Weisheit, Liebe und Energie, vor allem wenn Sie deprimiert sind oder glauben, keine Liebe zu verdienen.

4

Die Liebe deiner Engel ist immer bei dir. Sie endet nie und ist bedingungslos.

Seit Ihrer Geburt steht mindestens ein Engel an Ihrer Seite und führt Sie durchs Leben. Öffnen Sie sich jetzt der köstlichen Liebe, auf die Sie Anspruch haben. Sie brauchen Liebe nicht zu verdienen. Einerlei, was Sie tun oder getan haben, Ihre Engel werden Sie immer lieben.

5

VERTRAUE DEINEN ENGELN. SIE BRINGEN DIR BEI, DIE LIEBE, DIE DICH UMGIBT, ZU AKZEPTIEREN.

DIE LIEBE DER Engel ist vollkommen, doch um sie zu empfangen, müssen Sie lernen, sich selbst zu lieben. Dann können Sie auch die Liebe Ihrer Engel und Ihrer Nächsten annehmen.

6

DEINE ENGEL VERURTEILEN DICH NIE UND LIEBEN DICH SO, WIE DU BIST.

IHRE ENGEL LIEBEN Sie so, wie Sie jetzt sind. Hören Sie auf ihren Rat, und sie helfen Ihnen, anderen positiv zu begegnen. Wenn die Liebe der Engel in Ihnen blüht, können Sie leichter verzeihen.

7

JEDER TAG BRINGT NEUE ERFAHRUNGEN UND NEUEN LOHN. LASS DIE LIEBE DEIN LEHRER SEIN.

ES GIBT VIELE ARTEN der Liebe, von der spirituellen und romantischen Liebe bis zur Liebe für Kinder, Freunde, Angehörige, Fremde und Tiere. Mit etwas Hilfe von Ihren Engeln können Sie empfindsamer für die Liebe werden, die in Ihr Leben tritt, und die Liebe genießen, die Sie anderen schenken.

8

WIR ALLE SEHNEN UNS NACH LIEBE. FREUE DICH AN DER LIEBE DER ENGEL UND TEILE SIE MIT ANDEREN.

LIEBE IST EINES der stärksten Gefühle. Sobald Ihre Engel Ihnen beigebracht haben, das Geschenk der Liebe anzunehmen, können Sie lernen, sie an andere weiterzugeben. Wann immer Sie spüren, dass himmlische Liebe Sie erfüllt, sollten Sie diese Liebe der Menschheit senden.

9

Mögen alle deine Worte und Taten die Schönheit himmlischer Liebe ausdrücken.

Sie haben gelernt, die Liebe der Engel anzunehmen. Lassen Sie diese Liebe zu Hause, bei der Arbeit und im Umgang mit Menschen leuchten. Konzentrieren Sie sich, nehmen Sie die Liebe und das Licht Ihrer Engel auf, und senden Sie sie allen Menschen, die Sie kennen.

10

Sei dankbar für jeden Augenblick deines Lebens. Spüre die Liebe und Freude, die alle Dinge und Menschen ausstrahlen.

Lassen Sie sich von Ihren Engeln helfen, damit Sie die Lektionen des Lebens verstehen. Wenn etwas Schlimmes geschieht, bitten Sie die Engel um Hilfe, sodass Sie damit fertig werden und weitergehen können. Wenn etwas Wundervolles geschieht, danken Sie den Engeln und dem Universum dafür.

11

Verpasse nicht das Schöne im Leben. Die liebende Energie deiner Engel gehört dir.

Allzu oft halten wir unser Leben für selbstverständlich. Doch jedes Mal, wenn wir etwas sehen, berühren oder erfahren, ist das ein kleines Wunder. Bitten Sie Ihre Engel, Sie mit heilender und liebender Energie zu erfüllen, damit Sie die erstaunlichen Möglichkeiten nutzen können, die das Leben bietet.

12

Möge die Liebe der Engel dein Herz mit dem Segen des Universums erfüllen.

Visualisieren Sie die Liebe Ihrer Engel als weißes Licht, das Sie durchströmt. Senden Sie Angehörigen und Freunden, aber auch Menschen, die Ihnen auf der Straße begegnen oder an die Sie denken, liebevolle Gedanken. Wenn Sie Liebe weitergeben, fließt sie in größerer Fülle zu Ihnen zurück.

Botschaften der Heilung

Raphael

Heilung, Wissen und Wahrheit

Erzengel Raphael heilt Menschen und Planeten. Rufen Sie ihn, um innere Blockaden zu beseitigen, die körperliche Symptome auslösen. Dann kann die universelle Energie frei durch Sie und andere fließen. Raphael hilft Ihnen auch bei der Suche nach Wissen und dem Sinn Ihres Lebens.

Benutzen Sie Raphaels Karte mit Botschafts-Karten, damit seine Energie deren Macht verstärkt. Wenn Sie zum Beispiel mit der Gruppe »Frieden« (gelbe Karten) arbeiten, kann Raphael Heilung und Wissen bringen.

13

LADE DEINE ENGEL EIN, DICH ZU HEILEN UND ZU LIEBKOSEN. LASS WUT UND STRESS LOS.

WIR ALLE SEHNEN UNS manchmal nach Liebe. Öffnen Sie Herz und Seele, damit Sie die fürsorgliche Liebe und die heilende Energie Ihrer Engel spüren. Lösen Sie sich von Wut und Stress, die Sie hemmen. Gehen Sie immer weiter im Leben.

14

FREMDE TRETEN EINE WEILE IN DEIN LEBEN, DOCH DIE HEILUNG, DIE SIE BRINGEN, KANN EIN LEBEN LANG WIRKEN.

ES IST ERSTAUNLICH, wie hilfreich Fremde sein können, wenn Sie deprimiert oder in Not sind. Die Erinnerung an solche Augenblicke kann dauerhaft sein. Diese »zufälligen« Bekanntschaften sind oft Engel, die scheinbar aus dem Nichts auftauchen und dann verschwinden. Die Liebe und Güte der Engel kann Ihr Leben für immer ändern.

15

LASS DICH VON DER LIEBE DER ENGEL HEILEN UND UMSORGEN, WANN IMMER DU EINSAM BIST.

WIR ALLE FÜHLEN uns manchmal entfremdet und völlig allein. Suchen Sie einen Platz auf, an dem Sie etwa zehn Minuten nicht gestört werden. Öffnen Sie sich dem goldenen Licht der Engel, und lassen Sie es in jede Faser Ihres Wesens eindringen, damit es Ihren Körper und Ihre Seele stärkt. Dann sind Sie allem im Leben gewachsen.

16

BITTE DEINE ENGEL, DIR KRAFT ZU GEBEN, DAMIT DU ALLEN VERGEBEN KANNST, DIE DIR WEHGETAN HABEN.

WIR ALLE FÜHLEN uns bisweilen von anderen verletzt, sei es mit Absicht, sei es unabsichtlich. Bitten Sie Ihre Engel, Sie mit ihrer Liebe zu erfüllen, damit Sie die Schatten des Schmerzes und der Verzweiflung vertreiben können. Genießen Sie die Freiheit, die Vergebung Ihnen schenkt.

17

VERBINDE DICH MIT DER ENERGIE DES KOSMOS UND STRAHLE HEILENDE GEDANKEN AUS.

BITTEN SIE IHRE ENGEL um Hilfe, damit Sie den Menschen und der Erde heilende Gedanken senden können. Dann stehen Ihnen die eigene spirituelle Energie und die Energie des Kosmos zur Verfügung. Wenn Sie diese Energie einem bestimmten Menschen schicken wollen, visualisieren Sie ihn, während Sie die Engel anrufen.

18

WENN DAS LEBEN SCHWER IST, BITTE DIE ENGEL, DEINE SORGEN ZU VERTREIBEN.

MANCHMAL IST DAS LEBEN schwer zu verkraften. Wenn Sie verzweifelt sind, nehmen Sie sich Zeit, und wenn es nur ein paar Minuten sind. Setzen Sie sich an einen ruhigen Platz, entspannen Sie sich, und bitten Sie Ihre Engel um Hilfe. Goldene Energie erfüllt jede Faser Ihres Wesens und verdrängt mit ihrer heilenden, liebenden Macht die Finsternis Ihrer Sorgen.

19

Lerne, dich zu lieben und zu akzeptieren. Das ist der erste, wichtige Schritt zu höheren Zielen.

Erst wenn Sie lernen, sich zu lieben, können Sie seelisch und geistig wachsen. Stärken Sie Ihre Selbstachtung durch die Liebe der Engel, und begreifen Sie, was für ein großartiger Mensch Sie sind. Laden Sie Ihre Engel ein, und gehen Sie die ersten Schritte auf dem Weg zu wahrer spiritueller Erfüllung.

20

Bitte deine Engel um Hilfe, damit du dich unbelastet auf Zukünftiges freuen kannst.

Bitten Sie darum, dass Ihre Engel Ihnen helfen, aufgestaute Wut und Schuldgefühle loszuwerden. Dank göttlicher Führung können Sie lernen, seelische Blockaden zu beseitigen und künftig ein glücklicheres Leben aufzubauen.

21

BITTE DEINE ENGEL, WUNDEN ZU HEILEN, DIE DU ANDEREN ZUGEFÜGT HAST, EINERLEI, WIE KLEIN SIE SEIN MÖGEN.

WIR ALLE MACHEN unüberlegte, schnippische oder egoistische Bemerkungen, und manchmal lachen wir über andere hinter ihrem Rücken. Mit der Hilfe Ihrer Engel können Sie jede Wunde heilen, Schuldgefühle loswerden und so fürsorglich und liebevoll sein, wie Sie es von Natur aus sind.

22

AALE DICH IN DER LIEBE UND FREUDE DER ENGEL. FÜHLE DICH LEBENDIG UND STARK, ALLEN HERAUSFORDERUNGEN JEDERZEIT GEWACHSEN.

BITTEN SIE UM die heilende Energie Ihrer Engel, um die Kraft, Schwierigkeiten zu bewältigen. Die Engel senden Ihnen Wogen der Energie, damit Sie alle Hindernisse im Leben überwinden.

23

ERLAUBE DEINEN ENGELN, ÜBER JEDE VORSTELLUNGSKRAFT HINAUS, DEIN LEBEN ZU BEREICHERN.

SOBALD SIE SICH Ihrer Engel bewusst werden, ändert sich Ihre Einstellung zum Leben für immer. Sie spüren heilende, liebevolle Energie, die Ihnen den Weg zeigt. Sie finden neue Hoffnung und neue Chancen. Das Potenzial des Lebens ist enorm!

24

ÜBERWINDE SELBSTZWEIFEL UND SCHULDGEFÜHLE. BITTE DEINE ENGEL UM SELBSTVERTRAUEN UND KRAFT BEI ALLEM, WAS DU TUST.

OFT HEMMEN uns Selbstzweifel und Schuldgefühle. Sie beeinflussen unser Weltbild und verhindern, dass wir unsere Ziele erreichen. Bitten Sie Ihre Engel, solche Hürden zu beseitigen; bitten Sie um Kraft und klare Ziele. Mit dem Segen der Engel strahlen Sie bei allem, was Sie tun, Selbstsicherheit aus.

Botschaften der Weisheit

Gabriel

Weisheit, Harmonie, Hoffnung und Träume

Wenn Sie berufliche oder private Probleme haben, hilft Gabriel Ihnen, sie zu überwinden. Er schenkt Weisheit, damit Sie richtige Entscheidungen treffen und gut mit anderen Menschen auskommen. Gabriel weist Sie auf Veränderungen und Chancen hin und hilft Ihnen, Hoffnungen und Träume zu erfüllen.

Gabriels Energie macht Ihr Leben harmonischer. Sein Rat hilft Ihnen, Hektik zu vermeiden, sodass Sie mehr Zeit haben, sich zu entspannen und das Leben zu genießen.

Gabriels Karte kann die Deutung von Botschafts-Karten erleichtern. Angenommen, Sie ziehen eine Karte aus der Gruppe »Liebe«. Dann hilft Gabriel Ihnen, Liebe mit Weisheit zu verbinden und die Harmonie zu erlangen, nach der Sie sich sehnen.

25

LASS DIR VON DEINEN ENGELN EINE NEUE WELT ZEIGEN. IHRE WEISHEIT HILFT DIR IMMER AUF DEM WEG DURCHS LEBEN.

SOLANGE SIE IHR spirituelles Selbst nicht entdeckt haben, sieht die Welt öde und leblos aus. Doch wenn Sie Ihre geistigen Wurzeln und den Sinn Ihres Lebens finden, wird alles anders. Ihre Engel warten darauf, dass Sie sich Ihres Schicksals bewusst werden. Sie schenken Ihnen die Liebe und Kameradschaft, nach der Sie auf dem Weg zur Weisheit suchen.

26

DAS UNIVERSUM IST VOLLER LIEBE UND WEISHEIT. NIMM ALL DIESE HIMMLISCHEN GABEN IN DEIN LEBEN AUF.

SPIRITUELLE LIEBE UND Weisheit sind immer für Sie da. Aber Sie müssen sich Zeit nehmen, um mit Ihrer Seele und dann mit dem Kosmos Kontakt aufzunehmen. Nehmen Sie sich Zeit für sich selbst, öffnen Sie sich Ihren Engeln, bitten Sie um Hilfe, damit Sie Ihr spirituelles Ziel erreichen.

27

Die Liebe und Weisheit der Engel führt dich sicher durch das Auf und Ab des Lebens.

Sie haben einen freien Willen, den Sie bei jeder Entscheidung ausüben. Nicht jede Entscheidung verändert Ihr Leben, aber selbst kleine Entscheidungen beeinflussen Sie und Ihre Mitmenschen. Bitten Sie um die Weisheit und Liebe Ihrer Engel, damit Sie für sich und alle anderen die besten Entscheidungen treffen.

28

Jede Situation, auch die schwierigste, ist der Beginn von etwas Neuem und Wundervollem.

Ihre Engel können Ihnen in jeder Situation Einsicht schenken und Ihre Erfahrungen in wertvolle Lektionen umwandeln. Jede Wolke hat einen silbernen Rand, und jede Krise enthält die Saat Ihrer Kreativität.

29

Du bist bereit, die Liebe und Weisheit deiner Engel zu empfangen.

Je mehr Sie sich selbst lieben, desto mehr Liebe und Weisheit können Sie von Ihren Engeln aufnehmen. Achten Sie darauf, wie viel Sie in diesem Stadium Ihrer spirituellen Entwicklung lernen und erreichen.

30

Bitte deine Engel auf der Reise durchs Leben, dir das Ziel deiner Seele zu zeigen.

Wir sind auf dieser Erde, um durch Erfahrung Wissen zu erwerben. Bitten Sie um die Führung und Weisheit Ihrer Engel, damit sie Ihnen helfen, das Wissen zu erlangen, das Sie brauchen, um Ihr spirituelles Potenzial zu erforschen.

31

MÖGE DIE WEISHEIT DEINER ENGEL DIR DEIN WAHRES LEBENSZIEL ZEIGEN.

SIE VERSUCHEN ZU verstehen, warum Sie auf der Welt sind und was Sie in diesem Leben lernen sollen. Bitten Sie Ihre Engel, Ihnen das wahre Ziel Ihres Lebens zu zeigen, damit Sie wissen, was Sie tun können, um Ihr Schicksal auf Erden zu erfüllen.

32

BITTE UM DIE WEISHEIT DEINER ENGEL UND KONZENTRIERE DICH AUF DIE ZIELE, DIE DU IM LEBEN ERREICHEN WILLST.

WIR ALLE SIND ehrgeizig. Wir wünschen uns Erfolg im Beruf, gute Beziehungen und Gesundheit. Das ist normal. Bitten Sie Ihre Engel um Phantasie und Kreativität und um Befreiung von Furcht und Sorgen.

33

WANN IMMER DU AN DIR ZWEIFELST, HÖRE AUF DEINE ENGEL UND EMPFANGE DEN RAT, DEN DU BRAUCHST.

WIR ALLE WOLLEN immer die richtigen Entscheidungen treffen. Wenn Sie an Ihrem Urteil zweifeln, bitten Sie Ihre Engel um den Rat, den Sie brauchen. Die Engel können Ihnen helfen, auf Ihrem Weg zum Glück in Worten und Taten Weisheit auszudrücken.

34

LASS DIE GANZE WELT AN DER UNENDLICHEN WEISHEIT UND FREUDE DEINER ENGEL TEILHABEN.

WENN SIE KONTAKT mit Ihren Engeln aufnehmen, spüren Sie ihre Energie. Die Engel helfen Ihnen, Ihre Träume von Kreativität, Wissen, Freude, Liebe und Weisheit zu erfüllen. Dank Ihrer Bewusstheit können Sie das Leben und die Einstellung aller Menschen beeinflussen, die Sie treffen. Sie ernten, was Sie säen!

35

BITTE DEINE ENGEL UM GUTE IDEEN. BEFREIE DICH VON SCHMERZLICHEN UND FURCHTSAMEN GEDANKEN.

WIR ALLE HABEN schmerzliche Erinnerungen, die auf unsere Einstellungen abfärben. Bitten Sie Ihre Engel, die Spinnweben der Vergangenheit zu beseitigen, damit Sie im Leben weitergehen können. Ihre Engel helfen Ihnen, die Grenzen zu überschreiten, die Ihrer Gegenwart und Zukunft von der Vergangenheit auferlegt wurden.

36

LERNE, DEN STIMMEN DEINER ENGEL ZU VERTRAUEN. BEFOLGE IHREN WEISEN RAT.

WENN SIE LERNEN, auf Ihre Engel zu hören, helfen sie Ihnen bei allem, was Sie tun. Meist »hören« Sie den Rat der Engel nicht laut, sondern als Gedanken, die aus dem Nichts kommen. Einerlei, wie die Engel zu Ihnen sprechen, Sie müssen lernen, sie zu erkennen.

Botschaften des Friedens

Uriel

Frieden, Einsicht und Klarheit

Mit Uriels Hilfe können Sie schmerzliche Erinnerungen transformieren und Ihr Leben friedvoller machen, indem Sie Groll überwinden. Meditation und Uriels Energie helfen Ihnen, Ihre Umwelt besser zu verstehen, Klarheit und Einsicht zu erlangen und richtige Entscheidungen zu treffen.

Uriels Karte macht die Bedeutung der Botschafts-Karten klarer. Wenn Sie neben Uriels Karte beispielsweise eine Botschaftskarte aus der Gruppe »Weisheit« (violett) ziehen, helfen Ihnen sein Frieden, seine Einsicht und seine Klarheit, richtige Entscheidungen zu treffen und in allem, was Sie tun, weise zu sein.

37

LASS LIEBE UND FRIEDEN IN DEIN HEIM, UM DIE WELT JETZT UND IMMER ZU ERLEUCHTEN.

WIR LEBEN IN EINER unruhigen und Furcht erregenden Zeit. Laden Sie Ihre Engel in einen Winkel Ihrer Wohnung ein – sie werden ihn mit Frieden, Freude und Liebe erfüllen. Visualisieren Sie, wie diese liebevolle, friedliche Energie allen Orten und Menschen zufließt, die sie brauchen.

38

FRIEDFERTIGE GEDANKEN SIND EIN PFAD AUS LICHT FÜR DEINE ENGEL.

WIR ALLE KÖNNEN nahen und fernen Menschen spirituelle Energie senden. Wenn Sie mit Engeln arbeiten, wächst die Macht Ihrer Gedanken. Friedfertige Gedanken bilden einen Pfad aus Licht, auf dem Ihre Engel allen Menschen Frieden und Glück bringen können.

39

WÜNSCHE DER WELT VON HERZEN LIEBE UND FRIEDEN.

INNERER FRIEDEN kann zum Weltfrieden führen. Je mehr Liebe und Frieden wir aussenden, desto mächtiger werden unsere Gedanken. Senden Sie mit einigen Gleichgesinnten jeden Tag zur gleichen Zeit liebevolle und friedfertige Gedanken hinaus in die Welt. Bitten Sie Ihre Engel, Ihre guten Wünsche zu verstärken.

40

WENN DEINE ENGEL IN DEIN HERZ KOMMEN, BRINGEN SIE DEN FRIEDEN UND DIE LIEBE DES UNIVERSUMS MIT.

VISUALISIEREN SIE, wie Ihnen Liebe und Frieden aus dem Universum zuströmen. Bitten Sie Ihre Engel, Ihnen dabei zu helfen. Sie spüren eine wundervolle Liebe und eine herrliche Gelassenheit. Wann immer Sie Liebe schenken, wird das Gefühl des Friedens viele Male verstärkt.

41

DIE ENGEL DES FRIEDENS WARTEN DARAUF, DASS DU SIE RUFST.

NUR WENN SIE Ihre Engel in Ihr Leben einladen, dürfen sie sich offenbaren und Ihnen helfen. Jetzt ist es Zeit, die Engel des Friedens anzurufen. Wenn Sie sich mit Ihren Engeln verbinden, spüren Sie Liebe, Frieden, Mitgefühl und Licht – für Sie und für alle Menschen.

42

WENN DU DEIN HERZ FÜR DIE LIEBE DER ENGEL ÖFFNEST, FINDEST DU FRIEDEN UND ZUFRIEDENHEIT.

NEHMEN SIE KONTAKT zu Ihren Engeln auf, damit sie Ihr Herz und Ihre Seele mit Frieden, Zufriedenheit, Liebe, Freude und Harmonie erfüllen. Wenn Sie diese Gaben annehmen, können Sie alle Menschen, denen Sie begegnen, damit beschenken.

43

LASS DICH VOM FRIEDEN ENGELHAFTER MELODIEN SANFT IN DEN SCHLAF WIEGEN.

BEVOR SIE ABENDS zu Bett gehen, bitten Sie Ihre Engel um einen friedlichen, entspannenden Schlaf. Oft singen Engel über Ihnen, und ihre Musik heilt Sie im Schlaf. Wenn Sie morgens aufwachen, fühlen Sie sich erfrischt, entspannt und bereit für die Herausforderungen des Tages.

44

BITTE DEINE ENGEL, ALLEN, DIE IN NOT SIND, FRIEDEN UND MITGEFÜHL ZU SCHENKEN.

OFT WOLLEN SIE Angehörigen, Freunden und Bekannten Liebe, Mitgefühl und Frieden senden, weil sie krank sind, schlechte Nachrichten erhalten haben oder trauern. Bitten Sie Ihre Engel, Sie dabei zu unterstützen. Je mehr Liebe und Frieden Sie anderen schicken, desto mehr bekommen Sie, wenn Sie es brauchen.

45

DER FRIEDEN UND DIE LIEBE DER ENGEL KÖNNEN VERSÖHNEN. VERGIB DIR UND ANDEREN.

ÜBERWINDEN SIE Schuldgefühle wegen Ihrer Vergangenheit. Wenn Sie glauben, dass Sie begangenen Schaden wieder gutmachen können, bitten Sie Ihre Engel um die notwendige Kraft. Die Engel helfen Ihnen auch, sich selbst zu vergeben, sodass Sie Frieden finden. Spüren Sie die Liebe und das Mitgefühl Ihrer Engel, und vergeben Sie allen, die Ihnen wehgetan haben.

46

WENN DU DEN FRIEDEN UND DIE FREUDE DEINER ENGEL SPÜRST, WIRST DU NIEMALS VERZWEIFELT SEIN.

DANKEN SIE IHREN ENGELN jeden Tag für alles in Ihrem Leben und in Ihrer Umgebung. Nehmen Sie den Frieden des Universums in sich auf und mit ihm erhabene Freude, Liebe, Mitgefühl und Weisheit. Das Licht der Engel bringt alles Negative zum Schmelzen.

47

LASS DAS LICHT DER ENGEL
IN DEIN HERZ FLIESSEN,
UND DU FINDEST
ALLEN FRIEDEN,
DEN DU ERSEHNST.

FRIEDEN UND HARMONIE sind ein Luxus, der den meisten von uns selten vergönnt ist. Jetzt ist die Zeit gekommen: Konzentrieren Sie sich auf den Kontakt mit Ihren Engeln, und lassen Sie sich von ihnen mit Liebe überschütten. Sie bringen Ihnen die Harmonie, die Ruhe und den Frieden, die Sie ersehnen.

48

LEBE MIT DIR SELBST
IN FRIEDEN,
UND GENIESSE DIE LIEBE,
DIE DICH UMGIBT.

WENN SIE IHR HERZ für die Liebe Ihrer Engel öffnen und ihre Energie spüren, erleben Sie einen wundervollen Frieden. Danken Sie Ihren Engeln für diese Gaben, und strahlen Sie Gedanken der Liebe und des Friedens hinaus in die Welt.